Charles Baudelaire

Edgar Poe, sa vie et ses oeuvres

suivi de

Notes nouvelles sur Edgar Poe

Copyright © 2022 by Culturea
Édition : Culturea 34980 (Hérault)
Impression : BOD - In de Tarpen 42, Norderstedt (Allemagne)
ISBN : 9782382742242
Dépôt légal : Octobre 2022
Tous droits réservés pour tous pays

Edgar Poe, sa vie et ses oeuvres

Charles Baudelaire

Chapitre 1

Dans ces derniers temps, un malheureux fut amené devant nos tribunaux, dont le front était illustré d'un rare et singulier tatouage : Pas de chance ! Il portait ainsi au-dessus de ses yeux l'étiquette de sa vie, comme un livre son titre, et l'interrogatoire prouve que ce bizarre écriteau était cruellement véridique. Il y a, dans l'histoire littéraire, des destinées analogues, de vraies damnations, – des hommes qui portent le mot guignon écrit en caractères mystérieux dans les plis sinueux de leur front. L'Ange aveugle de l'expiation s'est emparé d'eux et les fouette à tour de bras pour l'édification des autres. En vain leur vie montre-t-elle des talents, des vertus, de la grâce ; la Société a pour eux un anathème spécial, et accuse en eux les infirmités que sa persécution leur a données. – Que ne fit pas Hoffmann pour désarmer la destinée, et que n'entreprit pas Balzac pour conjurer la fortune ? – Existe-t-il donc une Providence diabolique qui prépare le malheur dès le berceau, – qui jette avec préméditation des natures spirituelles et angéliques dans des milieux hostiles, comme des martyrs dans les cirques ? Y a-t-il donc des âmes sacrées, vouées à l'autel, condamnées à marcher à la mort et à la gloire à travers leurs propres ruines ? Le cauchemar des Ténèbres assiègera-t-il éternellement ces âmes de choix ? Vainement elles se débattent, vainement elles se ferment au monde, à ses prévoyances, à ses ruses ; elles perfectionneront la prudence, boucheront toutes les issues, matelasseront les fenêtres contre les projectiles du hasard ; mais le Diable entrera par la serrure ; une perfection sera le défaut de leur cuirasse, et une qualité superlative le germe de leur damnation.

L'aigle, pour le briser du haut du firmament,

Sur le front découvert lâchera la tortue,

Car ils doivent périr inévitablement.

Leur destinée est écrite dans toute leur constitution, elle brille d'un éclat sinistre dans leurs regards et dans leurs gestes, elle circule dans leurs artères avec chacun de leurs globules sanguins.

Un écrivain célèbre de notre temps a écrit un livre pour démontrer que le poëte ne pouvait trouver une bonne place ni dans une société démocratique ni dans une aristocratique, pas plus dans une république que dans une monarchie absolue ou tempérée. Qui donc a su lui répondre péremptoirement ? J'apporte aujourd'hui une nouvelle légende à l'appui de sa thèse, j'ajoute un saint nouveau au martyrologe : j'ai à écrire l'histoire d'un de ces illustres malheureux, trop riche de poésie et de passion, qui est venu, après tant d'autres, faire en ce bas monde le rude apprentissage du génie chez les âmes inférieures.

Lamentable tragédie que la vie d'Edgar Poe ! Sa mort, dénoûment horrible dont l'horreur est accrue par la trivialité ! – De tous les documents que j'ai lus est résultée pour moi la conviction que les États-Unis ne furent pour Poe qu'une vaste prison qu'il parcourait avec l'agitation fiévreuse d'un être fait pour respirer dans un monde plus aromal, – qu'une grande barbarie éclairée au gaz, – et que sa vie intérieure, spirituelle, de poëte ou même d'ivrogne, n'était qu'un effort perpétuel pour échapper à l'influence de cette atmosphère antipathique. Impitoyable dictature que celle de l'opinion dans les sociétés démocratiques ; n'implorez d'elle ni charité, ni indulgence, ni élasticité quelconque dans l'application de ses lois aux cas multiples et complexes de la vie morale. On dirait que de l'amour impie de la liberté est née une tyrannie nouvelle, la tyrannie des bêtes, ou zoocratie, qui par son insensibilité féroce ressemble à l'idole de Jaggernaut. – Un biographe nous dira gravement – il est bien intentionné, le brave homme, – que Poe, s'il avait voulu régulariser son génie et appliquer ses facultés créatrices d'une manière plus appropriée au sol américain, aurait pu devenir un auteur à argent, a money making author ; – un autre, – un naïf cynique, celui-là, – que, quelque beau que soit le génie de Poe, il eût mieux valu pour lui n'avoir que du talent, le talent s'escomptant toujours plus facilement que le génie. Un autre, qui a dirigé des journaux et des revues, un ami du poëte, avoue qu'il était difficile de l'employer et qu'on était obligé de le payer moins que d'autres, parce qu'il écrivait dans un style trop au-dessus du vulgaire. Quelle odeur de magasin ! comme disait Joseph de Maistre.

Quelques-uns ont osé davantage, et, unissant l'intelligence la plus lourde de son génie à la férocité de l'hypocrisie bourgeoise, l'ont insulté à l'envi ; et, après sa soudaine disparition, ils ont rudement morigéné ce cadavre, – particulièrement M. Rufus Griswold, qui, pour rappeler ici l'expression vengeresse de M. George Graham, a commis alors une immortelle infamie. Poe, éprouvant peut-être le sinistre pressentiment d'une fin subite, avait désigné MM. Griswold et Willis pour mettre ses œuvres en ordre, écrire sa vie et restaurer sa mémoire. Ce pédagogue-vampire a diffamé longuement son ami dans un énorme article, plat et haineux, juste en tête de l'édition posthume de ses œuvres. – Il n'existe donc pas en Amérique d'ordonnance qui interdise aux chiens l'entrée des cimetières ? – Quant à M. Willis, il a prouvé, au contraire, que la bienveillance et la décence marchaient toujours avec le véritable esprit, et que la charité envers nos confrères, qui est un devoir moral, était aussi un des commandements du goût.

Causez de Poe avec un Américain, il avouera peut-être son génie, peut-être même s'en montrera-t-il fier ; mais, avec un ton sardonique supérieur qui sent son homme positif, il vous parlera de la vie débraillée du poëte, de son haleine alcoolisée qui aurait pris feu à la flamme d'une chandelle, de ses habitudes vagabondes ; il vous dira que c'était un être erratique et hétéroclite, une planète désorbitée, qu'il roulait sans cesse de Baltimore à New-York, de New-York à Philadelphie, de Philadelphie à Boston, de Boston à Baltimore, de Baltimore à Richmond. Et si, le cœur ému par ces préludes d'une histoire navrante, vous donnez à entendre que l'individu n'est peut-être pas seul coupable et qu'il doit être difficile de penser et d'écrire commodément dans un pays où il y a des millions de souverains, un pays sans capitale à proprement parler, et sans aristocratie, – alors vous verrez ses yeux s'agrandir et jeter des éclairs, la bave du patriotisme souffrant lui monter aux lèvres, et l'Amérique, par sa bouche, lancer des injures à l'Europe, sa vieille mère, et à la philosophie des anciens jours.

Je répète que pour moi la persuasion s'est faite qu'Edgar Poe et sa patrie n'étaient pas de niveau. Les États-Unis sont un pays gigantesque et enfant, naturellement jaloux du vieux continent. Fier de son développement matériel, anormal et presque monstrueux, ce nouveau venu dans l'histoire a une foi naïve dans la toute-puissance de l'industrie ; il est convaincu, comme quelques malheureux parmi nous, qu'elle finira par manger le Diable. Le temps et l'argent ont là-bas une valeur si grande ! L'activité matérielle, exagérée jusqu'aux proportions d'une manie nationale, laisse dans les esprits bien peu de place pour les choses qui ne sont pas de la terre. Poe, qui était de bonne souche, et qui d'ailleurs professait que le grand malheur de son pays était de n'avoir pas d'aristocratie de race, attendu, disait-il, que chez un peuple sans aristocratie le culte du Beau ne peut que se corrompre, s'amoindrir et disparaître, – qui accusait chez ses concitoyens, jusque dans leur luxe emphatique et coûteux, sous les symptômes du mauvais goût caractéristiques des parvenus, – qui considérait le Progrès, la grande idée moderne, comme une extase de gobe-mouches, et qui appelait les perfectionnements de l'habitacle humain des cicatrices et des abominations rectangulaires, – Poe était là-bas un cerveau singulièrement solitaire. Il ne croyait qu'à l'immuable, à l'éternel, au self-same, et il jouissait – cruel privilège dans une société amoureuse d'elle-même ! – de ce grand bon sens à la Machiavel qui marche devant le sage, comme une colonne lumineuse, à travers le désert de l'histoire. – Qu'eût-il pensé, qu'eût-il écrit, l'infortuné, s'il avait entendu la théologienne du sentiment supprimer l'Enfer par amitié pour le genre humain, le philosophe du chiffre proposer un système d'assurances, une souscription à un sou par tête pour la suppression de la guerre, – et l'abolition de la peine de mort et de l'orthographe, ces deux folies corrélatives ! – et tant d'autres malades qui écrivent, l'oreille inclinée au vent, des fantaisies giratoires aussi flatueuses que l'élément qui les leur dicte ? – Si vous ajoutez à cette vision impeccable du vrai, véritable infirmité dans de certaines circonstances, une délicatesse exquise de sens qu'une note fausse torturait, une finesse de goût que tout, excepté l'exacte proportion, révoltait, un amour insatiable du Beau, qui avait pris la puissance d'une passion morbide, vous ne vous étonnerez pas que pour un pareil homme la vie soit devenue un enfer, et qu'il ait mal fini ; vous admirerez qu'il ait pu durer aussi longtemps.

Chapitre 2

La famille de Poe était une des plus respectables de Baltimore. Son grand-père maternel avait servi comme quarter-master-general dans la guerre de l'Indépendance, et La Fayette l'avait en haute estime et amitié. Celui-ci, lors de son dernier voyage aux États-Unis, voulut voir la veuve du général et lui témoigner sa gratitude pour les services que lui avait rendus son mari. Le bisaïeul avait épousé une fille de l'amiral anglais Mac Bride, qui était allié avec les plus nobles maisons d'Angleterre. David Poe, père d'Edgar et fils du général, s'éprit violemment d'une actrice anglaise, Elisabeth Arnold, célèbre par sa beauté ; il s'enfuit avec elle et l'épousa. Pour mêler plus intimement sa destinée à la sienne, il se fit comédien et parut avec sa femme sur différents théâtres, dans les principales villes de l'Union. Les deux époux moururent à Richmond, presque en même temps, laissant dans l'abandon et le dénûment le plus complet trois enfants en bas âge, dont Edgar.

Edgar Poe était né à Baltimore, en 1813. – C'est d'après son propre dire que je donne cette date, car il a réclamé contre l'affirmation de Griswold, qui place sa naissance en 1811. – Si jamais l'esprit de roman, pour me servir d'une expression de notre poëte, a présidé à une naissance, – esprit sinistre et orageux ! – certes, il présida à la sienne. Poe fut véritablement l'enfant de la passion et de l'aventure. Un riche négociant de la ville, M. Allan, s'éprit de ce joli malheureux que la nature avait doté d'une manière charmante, et, comme il n'avait pas d'enfants, il l'adopta. Celui-ci s'appela donc désormais Edgar Allan Poe. Il fut ainsi élevé dans une belle aisance et dans l'espérance légitime d'une de ces fortunes qui donnent au caractère une superbe certitude. Ses parents adoptifs l'emmenèrent dans un voyage qu'ils firent en Angleterre, en Écosse et en Irlande, et, avant de retourner dans leur pays, ils le laissèrent chez le docteur Bransby, qui tenait une importante maison d'éducation à Stoke-Newington, près de Londres. – Poe a lui-même, dans William Wilson, décrit cette étrange maison bâtie dans le vieux style d'Elisabeth, et les impressions de sa vie d'écolier.

Il revint à Richmond en 1822, et continua ses études en Amérique, sous la direction des meilleurs maîtres de l'endroit. À l'université de Charlottesville, où il entra en 1825, il se distingua, non seulement par une intelligence quasi miraculeuse, mais aussi par une abondance presque sinistre de passions, – une précocité vraiment américaine, – qui, finalement, fut la cause de son expulsion. Il est bon de noter en passant que Poe avait déjà, à Charlottesville, manifesté une aptitude des plus remarquables pour les sciences physiques et mathématiques. Plus tard il en fera un usage fréquent dans ses étranges contes, et en tirera des moyens très-inattendus. Mais j'ai des raisons de croire que ce n'est pas à cet ordre de compositions qu'il attachait le plus d'importance, et que – peut-être même à cause de cette précoce aptitude – il n'était pas loin de les considérer comme de faciles jongleries, comparativement aux ouvrages de pure imagination. – Quelques malheureuses dettes de jeu amenèrent une brouille momentanée entre lui et son père adoptif, et Edgar – fait des plus curieux et qui prouve, quoi qu'on ait dit, une dose de chevalerie assez forte dans son impressionnable cerveau, – conçut le projet de se mêler à la guerre des Hellènes et d'aller combattre les Turcs. Il partit donc pour la Grèce. – Que devint-il en Orient ? qu'y fit-il ? étudia-t-il les rivages classiques de la Méditerranée ? – pourquoi le trouvons-nous à Saint-Pétersbourg, sans passeport, compromis, et dans quelle sorte d'affaire, obligé d'en appeler au ministre américain, Henry Middleton, pour échapper à la pénalité russe et retourner chez lui ? – on l'ignore ; il y a là une lacune que lui seul aurait pu combler. La vie d'Edgar Poe, sa jeunesse, ses aventures en Russie et sa correspondance ont été longtemps annoncées par les journaux américains et n'ont jamais paru.

Revenu en Amérique en 1829, il manifesta le désir d'entrer à l'école militaire de West-Point ; il y fut admis en effet, et, là comme ailleurs, il donna les signes d'une intelligence admirablement douée, mais indisciplinable, et, au bout de quelques mois, il fut rayé. – En même temps se passait dans sa famille adoptive un événement qui devait avoir les conséquences les plus graves sur toute sa vie. Madame Allan, pour laquelle il semble avoir éprouvé une affection réellement filiale, mourait, et M. Allan épousait une femme toute jeune. Une querelle domestique prend ici place, – une histoire bizarre et ténébreuse que je ne peux pas raconter, parce qu'elle n'est clairement expliquée par aucun biographe. Il n'y a donc pas lieu de s'étonner qu'il se soit définitivement séparé de M. Allan, et que celui-ci, qui eut des enfants de son second mariage, l'ait complètement frustré de sa succession.

Peu de temps après avoir quitté Richmond, Poe publia un petit volume de poésies ; c'était en vérité une aurore éclatante. Pour qui sait sentir la poésie anglaise, il y a là déjà l'accent extra-terrestre, le calme dans la mélancolie, la solennité délicieuse, l'expérience précoce, – j'allais, je crois, dire expérience innée, – qui caractérisent les grands poëtes[1]. La misère le fit quelque temps soldat, et il est présumable qu'il se servit des lourds loisirs de la vie de garnison pour préparer les matériaux de ses futures compositions, – compositions étranges, qui semblent avoir été créées pour nous démontrer que l'étrangeté est une des parties intégrantes du beau. Rentré dans la vie littéraire, le seul élément où puissent respirer certains êtres déclassés, Poe se mourait dans une misère extrême, quand un hasard heureux le releva. Le propriétaire d'une revue venait de fonder deux prix, l'un pour le meilleur conte, l'autre pour le meilleur poëme. Une écriture singulièrement belle attira les yeux de M. Kennedy, qui présidait le comité, et lui donna l'envie d'examiner lui-même les manuscrits. Il se trouva que Poe avait gagné les deux prix ; mais un seul lui fut donné. Le président de la commission fut curieux de voir l'inconnu. L'éditeur du journal lui amena un jeune homme d'une beauté frappante, en guenilles, boutonné jusqu'au menton, et qui avait l'air d'un gentilhomme aussi fier qu'affamé[2]. Kennedy se conduisit bien. Il fit faire à Poe la connaissance d'un M. Thomas White, qui fondait à Richmond le Southern Literary Messenger. M. White était un homme d'audace, mais sans aucun talent littéraire ; il lui fallait un aide. Poe se trouva donc tout jeune, – à vingt-deux ans, – directeur d'une revue dont la destinée reposait tout entière sur lui. Cette prospérité, il la créa. Le Southern Literary Messenger a reconnu depuis lors que c'était à cet excentrique maudit, à cet ivrogne incorrigible qu'il devait sa clientèle et sa fructueuse notoriété. C'est dans ce magazine que parut pour la première fois l'Aventure sans pareille d'un certain Hans Pfaall, et plusieurs autres contes que nos lecteurs verront défiler sous leurs yeux. Pendant près de deux ans, Edgar Poe, avec une ardeur merveilleuse, étonna son public par une série de compositions d'un genre nouveau et par des articles critiques dont la vivacité, la netteté, la sévérité raisonnées étaient bien faites pour attirer les yeux. Ces articles portaient sur des livres de tout genre, et la forte éducation que le jeune homme s'était faite ne le servit pas médiocrement. Il est bon qu'on sache que cette besogne considérable se faisait pour cinq cents dollars, c'est-à-dire deux mille sept cents francs par an. – Immédiatement, – dit Griswold, ce qui veut dire : « Il se croyait assez riche, l'imbécile ! » – il épousa une jeune fille, belle, charmante, d'une nature aimable et héroïque ; mais ne possédant pas un sou, – ajoute le même Griswold avec une nuance de dédain. C'était une demoiselle Virginia Clemm, sa cousine. Malgré les services rendus à son journal, M. White se brouilla avec Poe au bout de deux ans, à peu près. La raison de cette séparation se trouve évidemment dans les accès d'hypocondrie et les crises d'ivrognerie du poëte, – accidents caractéristiques qui assombrissaient son ciel spirituel, comme ces nuages lugubres qui donnent soudainement au plus romantique paysage un air de mélancolie en apparence irréparable. – Dès lors, nous verrons l'infortuné déplacer sa tente, comme un homme du désert, et transporter ses légers pénates dans les principales villes de l'Union. Partout, il dirigera des revues ou y collaborera d'une manière éclatante. Il répandra avec une éblouissante rapidité des articles critiques, philosophiques, et des contes pleins de magie qui paraissent réunis sous le titre de Tales of the Grotesque and the Arabesque, – titre remarquable et intentionnel, car les ornements grotesques et arabesques repoussent la figure humaine, et l'on verra qu'à beaucoup d'égards la littérature de Poe est extra ou supra-humaine. Nous apprendrons par des notes blessantes et scandaleuses insérées dans les journaux, que M. Poe et sa femme se trouvent dangereusement malades à Fordham et dans une absolue misère. Peu de temps après la mort de Madame Poe, le poëte subit les premières attaques du delirium tremens. Une note nouvelle paraît soudainement dans un journal, – celle-là plus que cruelle, – qui accuse son mépris et son dégoût du monde, et lui fait un de ces procès de tendance, véritables réquisitoires de l'opinion, contre lesquels il eut toujours à se défendre, – une des luttes les plus stérilement fatigantes que je connaisse. Sans doute, il gagnait de l'argent, et ses travaux littéraires pouvaient à peu près le faire vivre. Mais j'ai les preuves qu'il avait sans cesse de dégoûtantes difficultés à surmonter. Il rêva, comme tant d'autres écrivains, une Revue à lui, il voulut être chez lui, et le fait est qu'il avait suffisamment souffert pour désirer ardemment cet abri définitif pour sa pensée. Pour arriver à ce résultat, pour se procurer une somme d'argent suffisante, il eut recours aux lectures. On sait ce que sont ces lectures, – une espèce de spéculation, le Collège de France mis à la disposition de tous les littérateurs, l'auteur ne publiant sa lecture qu'après qu'il en a tiré toutes les recettes qu'elle peut rendre. Poe avait déjà donné à New-York une lecture d'Eureka, son poëme cosmogonique, qui avait même soulevé de grosses discussions. Il imagina cette fois de donner des lectures dans son pays, dans la Virginie. Il comptait, comme il l'écrivait à Willis, faire une tournée dans l'Ouest et le Sud, et il espérait le concours de ses amis littéraires et de ses anciennes connaissances de collège et de West-Point. Il visita donc les principales villes de la Virginie, et Richmond revit celui qu'on y avait connu si jeune, si pauvre, si délabré. Tous ceux qui n'avaient pas vu Poe depuis les jours de son obscurité accoururent en foule pour contempler leur illustre compatriote. Il apparut, beau, élégant, correct comme le génie. Je crois même que, depuis quelque temps, il avait poussé la condescendance jusqu'à se faire admettre dans une société de tempérance. Il choisit un thème aussi large qu'élevé : le Principe de la Poésie, et il le développa avec cette lucidité qui est un de ses privilèges. Il croyait, en vrai poëte qu'il était, que le but de la poésie est de même nature que son principe, et qu'elle ne doit pas avoir en vue autre chose qu'elle-même. Le bel accueil qu'on lui fit inonda son pauvre cœur d'orgueil et de joie ; il se montrait tellement enchanté, qu'il parlait de s'établir définitivement à Richmond et de finir sa vie dans les lieux que son enfance lui avait rendus chers. Cependant, il avait affaire à New-York, et il partit le 4 octobre, se plaignant de frissons et de faiblesses. Se sentant toujours assez mal en arrivant à Baltimore, le 6, au soir, il fit porter ses bagages à l'embarcadère d'où il devait se diriger sur Philadelphie, et entra dans une taverne pour y prendre un excitant quelconque. Là, malheureusement, il rencontra de vieilles connaissances et s'attarda. Le lendemain matin, dans les pâles ténèbres du petit jour, un cadavre fut trouvé sur la voie, – est-ce ainsi qu'il faut dire ? – non, un corps vivant encore, mais que la Mort avait déjà marqué de sa royale estampille. Sur ce corps, dont on ignorait le nom, on ne trouva ni papiers ni argent, et on le porta dans un hôpital. C'est là que Poe mourut, le soir même du dimanche, 7 octobre 1849, à l'âge de trente-sept ans, vaincu par le delirium tremens, ce terrible visiteur qui avait déjà hanté son cerveau une ou deux fois. Ainsi disparut de ce monde un des plus grands héros littéraires, l'homme de génie qui avait écrit dans le Chat noir ces mots fatidiques : Quelle maladie est comparable à l'alcool ![3] Cette mort est presque un suicide, – un suicide préparé depuis longtemps. Du moins, elle en causa le scandale. La clameur fut grande, et la vertu donna carrière à son cant emphatique, librement et voluptueusement. Les oraisons funèbres les plus indulgentes ne purent pas ne pas donner place à l'inévitable morale bourgeoise, qui n'eut garde de manquer une si admirable occasion. M. Griswold diffama ; M. Willis, sincèrement affligé, fut mieux que convenable. – Hélas, celui qui avait franchi les hauteurs les plus ardues de l'esthétique et plongé dans les abîmes les moins explorés de l'intellect humain, celui qui, à travers une vie qui ressemble à une tempête sans accalmie, avait trouvé des moyens nouveaux, des procédés inconnus pour étonner l'imagination, pour séduire les esprits assoiffés de Beau, venait de mourir en quelques heures dans un lit d'hôpital, – quelle destinée ! Et tant de grandeur et tant de malheur, pour soulever un tourbillon de phraséologie bourgeoise, pour devenir la pâture et le thème des journalistes vertueux ! Ut declamatio fias ! Ces spectacles ne sont pas nouveaux ; il est rare qu'une sépulture fraîche et illustre ne soit pas un rendez-vous de scandales. D'ailleurs, la société n'aime pas ces enragés malheureux, et, soit qu'ils troublent ses fêtes, soit qu'elle les considère naïvement comme des remords, elle a incontestablement raison. Qui ne se rappelle les déclamations parisiennes lors de la mort de Balzac, qui cependant mourut correctement ? – Et plus récemment encore, – il y a aujourd'hui, 26 janvier, juste un an, – quand un écrivain[4] d'une honnêteté admirable, d'une haute intelligence, et qui fut toujours lucide, alla discrètement, sans déranger personne, – si discrètement que sa discrétion ressemblait à du mépris, – délier son âme dans la rue la plus noire qu'il put trouver, – quelles dégoûtantes homélies ! – quel assassinat raffiné ! Un journaliste célèbre, à qui Jésus n'enseignera jamais les manières généreuses, trouva l'aventure assez joviale pour la célébrer en un gros calembour. – Parmi l'énumération nombreuse des droits de l'homme que la sagesse du XIXe siècle a recommencée si souvent et si complaisamment, deux assez importants ont été oubliés, qui sont le droit de se contredire et le droit de s'en aller. Mais la société regarde celui qui s'en va comme un insolent ; elle châtierait volontiers certaines dépouilles funèbres, comme ce malheureux soldat, atteint de vampirisme, que la vue d'un cadavre exaspérait jusqu'à la fureur. – Et cependant, on peut dire que, sous la pression de certaines circonstances, après un sérieux examen de certaines incompatibilités, avec de fermes croyances à de certains dogmes et métempsycoses, – on peut dire, sans emphase et sans jeu de mots, que le suicide est parfois l'action la plus raisonnable de la vie. Et ainsi se forme une compagnie de fantômes déjà nombreuse, qui nous hante familièrement, et dont chaque membre vient nous vanter son repos actuel et nous verser ses persuasions. Avouons toutefois que la lugubre fin de l'auteur d'*Eureka* suscita quelques consolantes exceptions, sans quoi il faudrait désespérer, et la place ne serait plus tenable. M. Willis, comme je l'ai dit, parla honnêtement, et même avec émotion, des bons rapports qu'il avait toujours eus avec Poe. MM. John Neal et George Graham rappelèrent M. Griswold à la pudeur. M. Longfellow – et celui-ci est d'autant plus méritant que Poe l'avait cruellement maltraité – sut louer d'une manière digne d'un poëte sa haute puissance comme poëte et comme prosateur. Un inconnu écrivit que l'Amérique littéraire avait perdu sa plus forte tête. Mais le cœur brisé, le cœur déchiré, le cœur percé des sept glaives fut celui de Mme Clemm. Edgar était à la fois son fils et sa fille. Rude destinée, dit Willis, à qui j'emprunte ces détails, presque mot pour mot, rude destinée que celle qu'elle surveillait et protégeait. Car Edgar Poe était un homme embarrassant ; outre qu'il écrivait avec une fastidieuse difficulté et dans un style trop au-dessus du niveau intellectuel commun pour qu'on pût le payer cher, il était toujours plongé dans des embarras d'argent, et souvent lui et sa femme malade manquaient des choses les plus nécessaires à la vie. Un jour, Willis vit entrer dans son bureau une femme vieille, douce, grave. C'était Mme Clemm. Elle cherchait de l'ouvrage pour son cher Edgar. Le biographe dit qu'il fut sincèrement frappé, non pas seulement de l'éloge parfait, de l'appréciation exacte qu'elle faisait des talents de son fils, mais aussi de tout son être extérieur, – de sa voix douce et triste, de ses manières un peu surannées, mais belles et grandes. Et pendant plusieurs années, ajoute-t-il, nous avons vu cet infatigable serviteur du génie, pauvrement et insuffisamment vêtu, allant de journal en journal pour vendre tantôt un poëme, tantôt un article, disant quelquefois qu'il était malade, – unique explication, unique raison, invariable excuse qu'elle donnait quand son fils se trouvait frappé momentanément d'une de ces stérilités que connaissent les écrivains nerveux, – et ne permettant jamais à ses lèvres de lâcher une syllabe qui pût être interprétée comme un doute, comme un amoindrissement de confiance dans le génie et la volonté de son bien-aimé. Quand sa fille mourut, elle s'attacha au survivant de la désastreuse bataille avec une ardeur maternelle renforcée, elle vécut avec lui, prit soin de lui, le surveillant, le défendant contre la vie et contre lui-même. Certes, – conclut Willis avec une haute et impartiale raison, – si le dévouement de la femme, né avec un premier amour et entretenu par la passion humaine, glorifie et consacre son objet, que ne dit-on pas en faveur de celui qui l'inspira un dévouement comme celui-ci, pur, désintéressé et saint comme une sentinelle divine ? Les détracteurs de Poe auraient dû en effet remarquer qu'il est des séductions si puissantes qu'elles ne peuvent être que des vertus. On devine combien terrible fut la nouvelle pour la malheureuse femme. Elle écrivit à Willis une lettre dont voici quelques lignes : « J'ai appris ce matin la mort de mon bien-aimé Eddie... Pouvez-vous me transmettre quelques détails, quelques circonstances ?... Oh ! n'abandonnez pas votre pauvre amie dans cette amère affliction... Dites à M... de venir me voir ; j'ai à m'acquitter envers lui d'une commission de la part de mon pauvre Eddie... Je n'ai pas besoin de vous prier d'annoncer sa mort, et de parler bien de lui. Je sais que vous le ferez. Mais dites bien quel fils affectueux il était pour moi, sa pauvre mère désolée... » Cette femme m'apparaît grande et plus qu'antique. Frappée d'un coup irréparable, elle ne pense qu'à la réputation de celui qui était tout pour elle, et il ne suffit pas, pour la contenter, qu'on dise qu'il était un génie, il faut qu'on sache qu'il était un homme de devoir et d'affection. Il est évident que cette mère – flambeau et foyer allumés par un rayon du plus haut ciel – a été donnée en exemple à nos races trop peu soigneuses du dévouement, de l'héroïsme, et de tout ce qui est plus que le devoir. N'était-ce pas justice d'inscrire au-dessus des ouvrages du poëte le nom de celle qui fut le soleil moral de sa vie ? Il embaumera dans sa gloire le nom de la femme dont la tendresse savait panser ses plaies, et dont l'image voltigera incessamment au-dessus du martyrologe de la littérature.

Chapitre 3

La vie de Poe, ses mœurs, ses manières, son être physique, tout ce qui constitue l'ensemble de son personnage, nous apparaissent comme quelque chose de ténébreux et de brillant à la fois. Sa personne était singulière, séduisante et, comme ses ouvrages, marquée d'un indéfinissable cachet de mélancolie. Du reste, il avait montré une rare aptitude pour tous les exercices physiques, et bien qu'il fût petit, avec des pieds et des mains de femme, tout son être portant d'ailleurs ce caractère de délicatesse féminine, il était plus que robuste et capable de merveilleux traits de force. Il a, dans sa jeunesse, gagné un pari de nageur qui dépasse la mesure ordinaire du possible. On dirait que la Nature fait à ceux dont elle veut tirer de grandes choses un tempérament énergique, comme elle donne une puissante vitalité aux arbres qui sont chargés de symboliser le deuil et la douleur. Ces hommes-là, avec des apparences quelquefois chétives, sont taillés en athlètes, bons pour l'orgie et pour le travail, prompts aux excès et capables d'étonnantes sobriétés.

Il est quelques points relatifs à Edgar Poe, sur lesquels il y a un accord unanime, par exemple sa haute distinction naturelle, son éloquence et sa beauté, dont, à ce qu'on dit, il tirait un peu de vanité. Ses manières, mélange singulier de hauteur avec une douceur exquise, étaient pleines de certitude. Physionomie, démarche, gestes, air de tête, tout le désignait, surtout dans ses bons jours, comme une créature d'élection. Tout son être respirait une solennité pénétrante. Il était réellement marqué par la nature, comme ces figures de passants qui tirent l'œil de l'observateur et préoccupent sa mémoire. Le pédant et aigre Griswold lui-même avoue que, lorsqu'il alla rendre visite à Poe, et qu'il le trouva pâle et malade encore de la mort et de la maladie de sa femme, il fut frappé outre mesure non seulement de la perfection de ses manières, mais encore de la physionomie aristocratique, de l'atmosphère parfumée de son appartement, d'ailleurs assez modestement meublé. Griswold ignore que le poëte a plus que tous les hommes ce merveilleux privilège attribué à la femme parisienne et à l'Espagnole, de savoir se parer avec un rien, et que Poe, amoureux du beau en toutes choses, aurait trouvé l'art de transformer une chaumière en un palais d'une espèce nouvelle. N'a-t-il pas écrit, avec l'esprit le plus original et le plus curieux, des projets de mobiliers, des plans de maisons de campagne, de jardins et de réformes de paysages ?

Il existe une lettre charmante de Mme Frances Osgood, qui fut une des amies de Poe, et qui nous donne sur ses mœurs, sur sa personne et sur sa vie de ménage, les plus curieux détails. Cette femme, qui était elle-même un littérateur distingué, nie courageusement tous les vices et toutes les fautes reprochées au poëte.

« Avec les hommes, dit-elle à Griswold, peut-être était-il tel que vous le dépeignez, et comme homme vous pouvez avoir raison. Mais je pose en fait qu'avec les femmes il était tout autre, et que jamais femme n'a pu connaître M. Poe sans éprouver pour lui un profond intérêt. Il ne m'a jamais apparu que comme un modèle d'élégance, de distinction et de générosité…

« La première fois que nous nous vîmes, ce fut à Astor-House. Willis m'avait fait passer à table d'hôte le corbeau, sur lequel l'auteur, me dit-il, désirait connaître mon opinion. La musique mystérieuse et surnaturelle de ce poëme étrange me pénétra si intimement, que, lorsque j'appris que Poe désirait m'être présenté, j'éprouvai un sentiment singulier et qui ressemblait à de l'effroi. Il parut avec sa belle et orgueilleuse tête, ses yeux sombres qui dardaient une lumière d'élection, une lumière de sentiment et de pensée, avec ses manières qui étaient un mélange intraduisible de hauteur et de suavité – il me salua, calme, grave, presque froid ; mais sous cette froideur vibrait une sympathie si marquée, que je ne pus m'empêcher d'en être profondément impressionnée. À partir de ce moment jusqu'à sa mort, nous fûmes amis..., et je sais que, dans ses dernières paroles, j'ai eu ma part de souvenir, et qu'il m'a donné, avant que sa raison ne fût culbutée de son trône de souveraine, une preuve suprême de sa fidélité en amitié.

« C'était surtout dans son intérieur, à la fois simple et poétique, que le caractère d'Edgar Poe, apparaissait pour moi, dans sa plus belle lumière. Folâtre, affectueux, spirituel, tantôt docile et tantôt méchant comme un enfant gâté, il avait toujours pour sa jeune, douce et adorée femme, et pour tous ceux qui venaient, même au milieu de ses plus fatigantes besognes littéraires, un mot aimable, un sourire bienveillant, des attentions gracieuses et courtoises. Il passait d'interminables heures à son pupitre, sous le portrait de sa Lénore, l'aimée et la morte, toujours assidu, toujours résigné et fixant avec son admirable écriture les brillantes fantaisies qui traversaient son étonnant cerveau incessamment en éveil. – Je me rappelle l'avoir vu un matin plus joyeux et plus allègre que de coutume. Virginia, sa douce femme, m'avait priée d'aller les voir et il m'était impossible de résister à ces sollicitations... Je le trouvai travaillant à la série d'articles qu'il a publiées sous le titre : the Literati of New-York. « Voyez – me dit-il, en déployant avec un rire de triomphe plusieurs petits rouleaux de papier (il écrivait sur des bandes étroites, sans doute pour conformer sa copie à la justification des journaux), – je vais vous montrer par la différence des longueurs les divers degrés d'estime que j'ai pour chaque membre de votre gent littéraire. Dans chacun de ces papiers, l'un de vous est pelotté et proprement discuté. – Venez ici, Virginia, et aidez-moi ! » Et il les déroulèrent tous un à un. À la fin, il y en avait un qui semblait interminable. Virginia, tout en riant, reculait jusqu'à un coin de la chambre le tenant par un bout, et son mari vers un autre coin avec l'autre bout. « Et quel est l'heureux, dis-je, que vous avez jugé digne de cette incommensurable douceur ? – L'entendez-vous, s'écria-t-il, comme si son vaniteux petit cœur ne lui avait pas déjà dit que c'est elle-même ! »

« Quand je fus obligée de voyager pour ma santé, j'entretins une correspondance régulière avec Poe, obéissant en cela aux vives sollicitations de sa femme, qui croyait que je pouvais obtenir sur lui une influence et un ascendant salutaires... Quant à l'amour et à la confiance qui existaient entre sa femme et lui, et qui étaient pour moi un spectacle délicieux, je n'en saurais parler avec trop de conviction, avec trop de chaleur. Je néglige quelques petits épisodes poétiques dans lesquels le jeta son tempérament romanesque. Je pense qu'elle était la seule femme qu'il ait toujours véritablement aimée... »

Dans les Nouvelles de Poe, il n'y a jamais d'amour. Du moins Ligeia, Éleonora, ne sont pas, à proprement parler, des histoires d'amour, l'idée principale sur laquelle pivote l'œuvre étant tout autre. Peut-être croyait-il que la prose n'est pas une langue à la hauteur de ce bizarre et presque intraduisible sentiment ; car ses poésies, en revanche, en sont fortement saturées. La divine passion y apparaît magnifique, étoilée d'une irrémédiable mélancolie. Dans ses articles, il parle quelque fois de l'amour, et même comme d'une chose dont le nom fait frémir la plume. Dans the Domain of Arnheim, il affirmera que les quatre conditions élémentaires du bonheur sont : la vie en plein air, l'amour d'une femme, le détachement de toute ambition et la création d'un Beau nouveau. – Ce qui corrobore l'idée de Mme Frances Osgood relativement au respect chevaleresque de Poe pour les femmes, c'est que, malgré son prodigieux talent pour le grotesque et l'horrible, il n'y a pas dans toute son œuvre un seul passage qui ait trait à la lubricité ou même aux jouissances sensuelles. Ses portraits de femmes sont, pour ainsi dire, auréolés ; ils brillent au sein d'une vapeur surnaturelle et sont peints à la manière emphatique d'un adorateur. – Quant aux petits épisodes romanesques, y a-t-il lieu de s'étonner qu'un être aussi nerveux, dont la soif du Beau était peut-être le trait principal, ait parfois, avec une ardeur passionnée, cultivé la galanterie, cette fleur volcanique et musquée, pour qui le cerveau bouillonnant des poëtes est un terrain de prédilection ?

De sa beauté personnelle singulière dont parlent plusieurs biographes, l'esprit peut, je crois, se faire une idée approximative en appelant à son secours toutes les notions vagues, mais cependant caractéristiques, contenues dans le mot romantique, mot qui sert généralement à rendre les genres de beauté consistant surtout dans l'expression. Poe avait un front vaste, dominateur, où certaines protubérances trahissaient les facultés débordantes qu'elles sont chargées de représenter, – construction, comparaison, causalité, – et où trônait dans un orgueil calme le sens de l'idéalité, le sens esthétique par excellence. Cependant, malgré ces dons, ou même à cause de ces privilèges exorbitants, cette tête vue de profil n'offrait peut-être pas un aspect agréable. Comme dans toutes les choses excessives par un sens, un déficit pouvait résulter de l'abondance, une pauvreté de l'usurpation. Il avait de grands yeux à la fois sombres et pleins de lumière, d'une couleur indécise et ténébreuse, poussée au violet, le nez noble et solide, la bouche fine et triste, quoique légèrement souriante, le teint brun clair, la face généralement pâle, la physionomie un peu distraite et imperceptiblement grimée par une mélancolie habituelle.

Sa conversation était des plus remarquables et essentiellement nourrissante. Il n'était pas ce qu'on appelle un beau parleur, – une chose horrible, – et d'ailleurs sa parole comme sa plume avaient horreur du convenu ; mais un vaste savoir, une linguistique puissante, de fortes études, des impressions ramassées dans plusieurs pays faisaient de cette parole un enseignement. Son éloquence, essentiellement poétique, pleine de méthode, et se mouvant toutefois hors de toute méthode connue, un arsenal d'images tirées d'un monde peu fréquenté par la foule des esprits, un art prodigieux à déduire d'une proposition évidente et absolument acceptable, des aperçus secrets et nouveaux, à ouvrir d'étonnantes perspectives, et, en un mot, l'art de ravir, de faire penser, de faire rêver, d'arracher les âmes des bourbes de la routine, telles étaient les éblouissantes facultés dont beaucoup de gens ont gardé le souvenir. Mais il arrivait parfois – on le dit, du moins, – que le poëte, se complaisant dans un caprice destructeur, rappelait brusquement ses amis à la terre par un cynisme affligeant et démolissait brutalement son œuvre de spiritualité. C'est d'ailleurs une chose à noter, qu'il était fort peu difficile dans le choix de ses auditeurs, et je crois que le lecteur trouvera sans peine dans l'histoire d'autres intelligences grandes et originales, pour qui toute compagnie était bonne. Certains esprits, solitaires au milieu de la foule, et qui se repaissent dans le monologue, n'ont que faire de la délicatesse en matière de public.

C'est, en somme, une espèce de fraternité basée sur le mépris.

De cette ivrognerie, – célébrée et reprochée avec une insistance qui pourrait donner à croire que tous les écrivains des États-Unis, excepté Poe, sont des anges de sobriété, – il faut cependant en parler. Plusieurs versions sont plausibles, et aucune n'exclut les autres. Avant tout, je suis obligé de remarquer que Willis et Mme Osgood affirment qu'une quantité fort minime de vin ou de liqueur suffisait pour perturber complètement son organisation. Il est d'ailleurs facile de supposer qu'un homme aussi réellement solitaire, aussi profondément malheureux, et qui a pu souvent envisager tout le système social comme un paradoxe et une imposture, un homme qui, harcelé par une destinée sans pitié, répétait souvent que la société n'est qu'une cohue de misérables (c'est Griswold qui rapporte cela, aussi scandalisé qu'un homme qui peut penser la même chose, mais qui ne la dira jamais, – il est naturel, dis-je, de supposer que ce poëte jeté tout enfant dans les hasards de la vie libre, le cerveau cerclé par un travail âpre et continu, ait cherché parfois une volupté d'oubli dans les bouteilles. Rancunes littéraires, vertiges de l'infini, douleurs de ménage, insultes de la misère, Poe fuyait tout dans le noir de l'ivresse comme dans une tombe préparatoire. Mais, quelque bonne que paraisse cette explication, je ne la trouve pas suffisamment large, et je m'en défie à cause de sa déplorable simplicité.

J'apprends qu'il ne buvait pas en gourmand, mais en barbare, avec une activité et une économie de temps tout à fait américaines, comme accomplissant une fonction homicide, comme ayant en lui quelque chose à tuer, a worm that would not die. On raconte d'ailleurs qu'un jour, au moment de se remarier (les bans étaient publiés, et comme on le félicitait sur une union qui mettait dans ses mains les plus hautes conditions de bonheur et de bien-être, il avait dit « Il est possible que vous ayez vu des bans, mais notez bien ceci : je ne me marierai pas ! »), il alla, épouvantablement ivre, scandaliser le voisinage de celle qui devait être sa femme, ayant ainsi recours à son vice, pour se débarrasser d'un parjure envers la pauvre morte dont l'image vivait toujours en lui et qu'il avait admirablement chantée dans son Annabel Lee. Je considère donc, dans un grand nombre de cas, le fait infiniment précieux de préméditation comme acquis et constaté.

Je lis d'autre part, dans un long article du Southern Literary Messenger, – cette même revue dont il avait commencé la fortune, – que jamais la pureté, le fini de son style, jamais la netteté de sa pensée, jamais son ardeur au travail, ne furent altérés par cette terrible habitude ; que la confection de la plupart de ses excellents morceaux a précédé ou suivi une de ses crises ; qu'après la publication d'Eureka, il sacrifia déplorablement à son penchant, et qu'à New-York, le matin même où paraissait le Corbeau, pendant que le nom du poëte était dans toutes les bouches, il traversait Broadway en trébuchant outrageusement. Remarquez que les mots : précédé ou suivi, impliquent que l'ivresse pouvait servir d'excitant aussi bien que de repos.

Or, il est incontestable que – semblables à ces impressions fugitives et frappantes, d'autant plus frappantes dans leurs retours qu'elles sont fugitives, qui suivent quelquefois un symptôme extérieur, une espèce d'avertissement comme un son de cloche, une note musicale ou un parfum oublié, et qui sont elles-mêmes suivies d'un événement semblable à un événement déjà connu et qui occupait la même place dans une chaîne antérieurement révélée, – semblables à ces singuliers rêves périodiques qui fréquentent nos sommeils, – il existe dans l'ivresse non seulement des enchaînements de rêves, mais des séries de raisonnements, qui ont besoin, pour se reproduire, du milieu qui leur a donné naissance. Si le lecteur m'a suivi sans répugnance, il a déjà deviné ma conclusion : Je crois que, dans beaucoup de cas, non pas certainement dans tous, l'ivrognerie de Poe était un moyen mnémonique, une méthode de travail, méthode énergique et mortelle, mais appropriée à sa nature passionnée. Le poëte avait appris à boire, comme un littérateur soigneux s'exerce à faire des cahiers de note. Il ne pouvait résister au désir de retrouver les visions merveilleuses ou effrayantes, les conceptions subtiles qu'il avait rencontrées dans une tempête précédente : c'étaient de vieilles connaissances qui l'attiraient impérativement, et, pour renouer avec elles, il prenait le chemin le plus dangereux, mais le plus direct. Une partie de ce qui fait aujourd'hui notre jouissance est ce qui l'a tué.

Chapitre 4

Des ouvrages de ce singulier génie, j'ai peu de chose à dire ; le public fera voir ce qu'il en pense. Il me serait difficile, peut-être, mais non pas impossible de débrouiller sa méthode, d'expliquer son procédé, surtout dans la partie de ses œuvres dont le principal effet gît dans une analyse bien ménagée. Je pourrais introduire le lecteur dans les mystères de sa fabrication, m'étendre longuement sur cette portion de génie américain qui le fait se réjouir d'une difficulté vaincue, d'une énigme expliquée, d'un tour de force réussi, – qui le pousse à se jouer avec une volupté enfantine et presque perverse dans le monde des probabilités et des conjectures, et à créer des canards auxquels son art subtil a donné une vie vraisemblable. Personne ne niera que Poe ne soit un jongleur merveilleux, et je sais qu'il donnait surtout son estime à une autre partie de ses œuvres. J'ai quelques remarques plus importantes à faire, d'ailleurs très-brèves.

Ce n'est pas par ses miracles matériels, qui pourtant ont fait sa renommée, qu'il lui sera donné de conquérir l'admiration des gens qui pensent, c'est par son amour du Beau, par sa connaissance des conditions harmoniques de la beauté, par sa poésie profonde et plaintive, ouvragée néanmoins, transparente et correcte comme un bijou de cristal, – par son admirable style, pur et bizarre, – serré comme les mailles d'une armure, – complaisant et minutieux, – et dont la plus légère intention sert à pousser doucement le lecteur vers un but voulu, – et enfin surtout par ce génie tout spécial, par ce tempérament unique qui lui a permis de peindre et d'expliquer, d'une manière impeccable, saisissante, terrible, l'exception dans l'ordre moral. – Diderot, pour prendre un exemple entre cent, est un auteur sanguin ; Poe est l'écrivain des nerfs, et même de quelque chose de plus, – et le meilleur que je connaisse.

Chez lui, toute entrée en matière est attirante sans violence, comme un tourbillon. Sa solennité surprend et tient l'esprit en éveil. On sent tout d'abord qu'il s'agit de quelque chose de grave. Et lentement, peu à peu, se déroule une histoire dont tout l'intérêt repose sur une imperceptible déviation de l'intellect, sur une hypothèse audacieuse, sur un dosage imprudent de la Nature dans l'amalgame des facultés. Le lecteur, lié par le vertige, est contraint de suivre l'auteur dans ses entraînantes déductions.

Aucun homme, je le répète, n'a raconté avec plus de magie les exceptions de la vie humaine et de la nature, – les ardeurs de curiosité de la convalescence ; – les fins de saisons chargées de splendeurs énervantes, les temps chauds, humides et brumeux, où le vent du sud amollit et détend les nerfs comme les cordes d'un instrument, où les yeux se remplissent de larmes qui ne viennent pas du cœur ; – l'hallucination laissant d'abord place au doute, bientôt convaincue et raisonneuse comme un livre ; – l'absurde s'installant dans l'intelligence et la gouvernant avec une épouvantable logique ; – l'hystérie usurpant la place de la volonté, la contradiction établie entre les nerfs et l'esprit, et l'homme désaccordé au point d'exprimer la douleur par le rire. Il analyse ce qu'il y a de plus fugitif, il soupèse l'impondérable et décrit, avec cette manière minutieuse et scientifique dont les effets sont terribles, tout cet imaginaire qui flotte autour de l'homme nerveux et le conduit à mal.

L'ardeur même avec laquelle il se jette dans le grotesque pour l'amour du grotesque et dans l'horrible pour l'amour de l'horrible, me sert à vérifier la sincérité de son œuvre et l'accord de l'homme avec le poëte. – J'ai déjà remarqué que, chez plusieurs hommes, cette ardeur était souvent le résultat d'une vaste énergie vitale inoccupée, et aussi d'une profonde sensibilité refoulée. La volupté surnaturelle que l'homme peut éprouver à voir couler son propre sang, les mouvements soudains, violents, inutiles, les grands cris jetés en l'air, sans que l'esprit ait commandé au gosier, sont des phénomènes à ranger dans le même ordre.

Au sein de cette littérature où l'air est raréfié, l'esprit peut éprouver cette vague angoisse, cette peur prompte aux larmes et ce malaise du cœur qui habitent les lieux immenses et singuliers. Mais l'admiration est la plus forte, et d'ailleurs l'art est si grand ! Les fonds et les accessoires y sont appropriés au sentiment des personnages. Solitude de la Nature ou agitation des villes, tout y est décrit nerveusement et fantastiquement. Comme notre Eugène Delacroix, qui a élevé son art à la hauteur de la grande poésie, Edgar Poe aime à agiter ses figures sur des fonds violâtres et verdâtres où se révèlent la phosphorescence de la pourriture et la senteur de l'orage. La nature dite inanimée participe de la nature des êtres vivants, et, comme eux, frissonne d'un frisson surnaturel et galvanique.

Quelquefois, des échappées magnifiques, gorgées de lumière et de couleur, s'ouvrent soudainement dans ses paysages, et l'on voit apparaître au fond de leurs horizons des villes orientales et des architectures, vaporisées par la distance, où le soleil jette des pluies d'or.

Les personnages de Poe, ou plutôt le personnage de Poe, l'homme aux facultés suraiguës, l'homme aux nerfs relâchés, l'homme dont la volonté ardente et patiente jette un défi aux difficultés, celui dont le regard est tendu avec la roideur d'une épée sur des objets qui grandissent à mesure qu'il les regarde, – c'est Poe lui-même. – Et ses femmes, toutes lumineuses et malades, mourant de maux bizarres et parlant avec une voix qui ressemble à une musique, c'est encore lui ; ou du moins, par leurs aspirations étranges, par leur savoir, par leur mélancolie inguérissable, elles participent fortement de la nature de leur créateur. Quant à sa femme idéale, à sa Titanide, elle se révèle sous différents portraits éparpillés dans ses poésies trop peu nombreuses, portraits ou plutôt manières de sentir la beauté, que le tempérament de l'auteur rapproche et confond dans une unité vague mais sensible, et où vit plus délicatement peut-être qu'ailleurs cet amour insatiable du Beau, qui est son grand titre, c'est-à-dire le résumé de ses titres à l'affection et au respect des poëtes.

Nous rassemblons sous le titre Histoires extraordinaires divers contes choisis dans l'œuvre générale de Poe. Cette œuvre se compose d'un nombre considérable de nouvelles, d'une quantité non moins forte d'articles critiques et d'articles divers, d'un poëme philosophique (Eureka), de poésies et d'un roman purement humain (la Relation d'Arthur Gordon Pym). Si je trouve encore, comme je l'espère, l'occasion de parler de ce poëte, je donnerai l'analyse de ses opinions philosophiques et littéraires, ainsi que généralement des œuvres dont la traduction complète aurait peu de chances de succès auprès d'un public qui préfère de beaucoup l'amusement et l'émotion à la plus importante vérité philosophique.

[1] Les poëmes d'Edgar Poe, traduits par Stéphane Mallarmé, parurent vers 1888.

[2] Aucun des membres du jury ne connaissait Poe, fût-ce de nom. Un d'eux, John Pendleton Kennedy, auteur de nombreux romans populaires, désireux de savoir un peu plus sur ce remarquable inconnu, lui adressa une invitation à dîner. S'imagine-t-on quel tourment douloureux ce fut pour un poëte toujours fier et discret d'avoir à une si bienveillante prévenance à répondre en ces termes : « Votre aimable invitation à dîner aujourd'hui m'a causé la plus vive blessure. – Je ne puis pas venir – et pour des raisons de la nature la plus humiliante : l'aspect de ma personne. Vous pouvez imaginer ma mortification à vous devoir faire cet aveu, mais il était indispensable. » – Alors Kennedy se mit à sa recherche, le découvrit comme il l'a consigné, dans son journal, sans aucun ami et réellement mourant de faim. (La vie d'Edgar A. Poe, d'André Fontainas.)

[3] Le Dr Moran qui lui prodigua ses soins à l'hôpital de Baltimore (on l'y soigna pour un transport au cerveau) a dans une lettre adressée à Mrs Clemm, belle-mère de Poe, décrit les derniers moments de sa maladie ; plus tard, à plusieurs reprises, il a protesté dans les journaux contre les mensonges et les infamies dont on prétendait salir son grand souvenir et, en 1885, il fit paraître, à Washington, un exposé complet : « Défense d'Edgar-Allan Poe : Vie, caractère du poëte ; ses déclarations des dernières heures. Relation officielle de sa mort par le médecin qui l'a soigné. » – Le docteur Moran ne mentionne pas, comme cause de sa fièvre cérébrale, l'alcoolisme. (La vie d'Edgar-A. Poe, par André Fontainas.)

[4] Gérard de Nerval, trouvé pendu le 25 janvier 1855 à une grille dans la rue de la Vieille-Lanterne. (Note du correcteur – ELG.)

Notes nouvelles sur Edgar Poe

Charles Baudelaire

Chapitre 1

Littérature de décadence ! – Paroles vides que nous entendons souvent tomber, avec la sonorité d'un bâillement emphatique, de la bouche de ces sphinx sans énigme qui veillent devant les portes saintes de l'Esthétique classique. À chaque fois que l'irréfutable oracle retentit, on peut affirmer qu'il s'agit d'un ouvrage plus amusant que l'Iliade. Il est évidemment question d'un poëme ou d'un roman dont toutes les parties sont habilement disposées pour la surprise, dont le style est magnifiquement orné, où toutes les ressources du langage et de la prosodie sont utilisées par une main impeccable. Lorsque j'entends ronfler l'anathème, – qui, pour le dire en passant, tombe généralement sur quelque poëte préféré, – je suis toujours saisi de l'envie de répondre : Me prenez-vous pour un barbare comme vous, et me croyez-vous capable de me divertir aussi tristement que vous faites ? Des comparaisons grotesques s'agitent alors dans mon cerveau ; il me semble que deux femmes me sont présentées : l'une, matrone rustique, répugnante de santé et de vertu, sans allure et sans regard, bref, ne devant rien qu'à la simple nature ; l'autre, une de ces beautés qui dominent et oppriment le souvenir, unissant à son charme profond et originel toute l'éloquence de la toilette, maîtresse de sa démarche, consciente et reine d'elle-même, – une voix parlant comme un instrument bien accordé, et des regards chargés de pensée et n'en laissant couler que ce qu'ils veulent. Mon choix ne saurait être douteux, et cependant il y a des sphinx pédagogiques qui me reprocheraient de manquer à l'honneur classique. – Mais, pour laisser de côté les paraboles, je crois qu'il m'est permis de demander à ces hommes sages s'ils comprennent bien toute la vanité, toute l'inutilité de leur sagesse. Le mot littérature de décadence implique qu'il y a une échelle de littératures, une vagissante, une puérile, une adolescente, etc. Ce terme, veux-je dire, suppose quelque chose de fatal et de providentiel, comme un décret inéluctable ; et il est tout à fait injuste de nous reprocher d'accomplir la loi mystérieuse. Tout ce que je puis comprendre dans la parole académique, c'est qu'il est honteux d'obéir à cette loi avec plaisir, et que nous sommes coupables de nous réjouir dans notre destinée. – Ce soleil qui, il y a quelques heures, écrasait toutes choses de sa lumière droite et blanche, va bientôt inonder l'horizon occidental de couleurs variées. Dans les jeux de ce soleil agonisant, certains esprits poétiques trouveront des délices nouvelles ; ils y découvriront des colonnades éblouissantes, des cascades de métal fondu, des paradis de feu, une splendeur triste, la volupté du regret, toutes les magies du rêve, tous les souvenirs de l'opium. Et le coucher du soleil leur apparaîtra en effet comme la merveilleuse allégorie d'une âme chargée de vie, qui descend derrière l'horizon avec une magnifique provision de pensées et de rêves.

Mais ce à quoi les professeurs jurés n'ont pas pensé, c'est que, dans le mouvement de la vie, telle complication, telle combinaison peut se présenter, tout à fait inattendue pour leur sagesse d'écoliers. Et alors leur langue insuffisante se trouve en défaut, comme dans le cas, – phénomène qui se multipliera peut-être avec des variantes, – où une nation commence par la décadence, et débute par où les autres finissent.

Que parmi les immenses colonies du siècle présent des littératures nouvelles se fassent, il s'y produira très-certainement des accidents spirituels d'une nature déroutante pour l'esprit de l'école. Jeune et vieille à la fois, l'Amérique bavarde et radote avec une volubilité étonnante. Qui pourrait compter ses poëtes ? Ils sont innombrables. Ses bas-bleus ? Ils encombrent les revues. Ses critiques ? Croyez qu'elle possède des pédants qui valent bien les nôtres pour rappeler sans cesse l'artiste à la beauté antique, pour questionner un poëte ou un romancier sur la moralité de son but et la qualité de ses intentions. Il y a là-bas comme ici, mais plus encore qu'ici, des littérateurs qui ne savent pas l'orthographe ; une activité puérile, inutile ; des compilateurs à foison, des ressasseurs, des plagiaires de plagiats et des critiques de critiques. Dans ce bouillonnement de médiocrités, dans ce monde épris des perfectionnements matériels, – scandale d'un nouveau genre qui fait comprendre la grandeur des peuples fainéants, – dans cette société avide d'étonnements, amoureuse de la vie, mais surtout d'une vie pleine d'excitations, un homme a paru qui a été grand, non-seulement par sa subtilité métaphysique, par la beauté sinistre ou ravissante de ses conceptions, par la rigueur de son analyse, mais grand aussi et non moins grand comme caricature. – Il faut que je m'explique avec quelque soin ; car récemment un critique imprudent se servait, pour dénigrer Edgar Poe et pour infirmer la sincérité de mon admiration, du mot jongleur que j'avais moi-même appliqué au noble poëte presque comme un éloge.

Du sein d'un monde goulu, affamé de matérialités, Poe s'est élancé dans les rêves. Étouffé qu'il était par l'atmosphère américaine, il a écrit en tête d'Eureka : « J'offre ce livre à ceux qui ont mis leur foi dans les rêves comme dans les seules réalités ! » Il fut donc une admirable protestation ; il la fut et il la fit à sa manière, *in his own way*. L'auteur qui, dans le Colloque entre Monos et Una, lâche à torrents son mépris et son dégoût sur la démocratie, le progrès et la civilisation, cet auteur est le même qui, pour enlever la crédulité, pour ravir la badauderie des siens, a le plus énergiquement posé la souveraineté humaine et le plus ingénieusement fabriqué les canards les plus flatteurs pour l'orgueil de l'homme moderne. Pris sous ce jour, Poe m'apparaît comme un ilote qui veut faire rougir son maître. Enfin, pour affirmer ma pensée d'une manière encore plus nette, Poe fut toujours grand, non-seulement dans ses conceptions nobles, mais encore comme farceur.

Chapitre 2

Car il ne fut jamais dupe ! – Je ne crois pas que le Virginien qui a tranquillement écrit, en plein débordement démocratique : « Le peuple n'a rien à faire avec les lois, si ce n'est de leur obéir », ait jamais été une victime de la sagesse moderne, – et : « Le nez d'une populace, c'est son imagination ; c'est par ce nez qu'on pourra toujours facilement la conduire », – et cent autres passages, où la raillerie pleut, drue comme mitraille, mais cependant nonchalante et hautaine. – Les Swedenborgiens le félicitent de sa Révélation magnétique, semblables à ces naïfs illuminés qui jadis surveillaient dans l'auteur du Diable amoureux un révélateur de leurs mystères ; ils le remercient pour les grandes vérités qu'il vient de proclamer, – car ils ont découvert (ô vérificateurs de ce qui ne peut pas être vérifié !) que tout ce qu'il a énoncé est absolument vrai ; – bien que d'abord, avouent ces braves gens, ils aient eu le soupçon que ce pouvait bien être une simple fiction. Poe répond que, pour son compte, il n'en a jamais douté. – Faut-il encore citer ce petit passage qui me saute aux yeux, tout en feuilletant pour la centième fois ses amusants Marginalia, qui sont comme la chambre secrète de son esprit : « L'énorme multiplication des livres dans toutes les branches de connaissances est l'un des plus grands fléaux de cet âge ! Car elle est un des plus sérieux obstacles à l'acquisition de toute connaissance positive. » Aristocrate de nature plus encore que de naissance, le Virginien, l'homme du Sud, le Byron égaré dans un mauvais monde, a toujours gardé son impassibilité philosophique, et, soit qu'il définisse le nez de la populace, soit qu'il raille les fabricateurs de religions, soit qu'il bafoue les bibliothèques, il reste ce que fut et ce que sera toujours le vrai poëte, – une vérité habillée d'une manière bizarre, un paradoxe apparent, qui ne veut pas être coudoyé par la foule, et qui court à l'extrême orient quand le feu d'artifice se tire au couchant.

Mais voici plus important que tout : nous noterons que cet auteur, produit d'un siècle infatué de lui-même, enfant d'une nation plus infatuée d'elle-même qu'aucune autre, a vu clairement, a imperturbablement affirmé la méchanceté naturelle de l'Homme. Il y a dans l'homme, dit-il, une force mystérieuse dont la philosophie moderne ne veut pas tenir compte ; et cependant, sans cette force innommée, sans ce penchant primordial, une foule d'actions humaines resteront inexpliquées, inexplicables. Ces actions n'ont d'attrait que parce qu'elles sont mauvaises, dangereuses ; elles possèdent l'attirance du gouffre. Cette force primitive, irrésistible, est la Perversité naturelle, qui fait que l'homme est sans cesse et à la fois homicide et suicide, assassin et bourreau ; – car, ajoute-t-il, avec une subtilité remarquablement satanique, l'impossibilité de trouver un motif raisonnable suffisant pour certaines actions mauvaises et périlleuses pourrait nous conduire à les considérer comme le résultat des suggestions du Diable, si l'expérience et l'histoire ne nous enseignaient pas que Dieu en tire souvent l'établissement de l'ordre et le châtiment des coquins ; – après s'être servi des mêmes coquins comme de complices ! tel est le mot qui se glisse, je l'avoue, dans mon esprit comme un sous-entendu aussi perfide qu'inévitable. Mais je ne veux, pour le présent, tenir compte que de la grande vérité oubliée, – la perversité primordiale de l'homme, – et ce n'est pas sans une certaine satisfaction que je vois quelques épaves de l'antique sagesse nous revenir d'un pays d'où on ne les attendait pas. Il est agréable que quelques explosions de vieille vérité sautent ainsi au visage de tous ces complimenteurs de l'humanité, de tous ces dorloteurs et endormeurs qui répètent sur toutes les variations possibles de ton : « Je suis né bon, et vous aussi, et nous tous, nous sommes nés bons ! » oubliant, non ! feignant d'oublier, ces égalitaires à contresens, que nous sommes tous nés marqués pour le mal !

De quel mensonge pouvait-il être dupe, celui qui parfois, – douloureuse nécessité des milieux, – les ajustait si bien ? Quel mépris pour la philosophaillerie, dans ses bons jours, dans les jours où il était, pour ainsi dire, illuminé ! Ce poëte, de qui plusieurs fictions semblent faites à plaisir pour confirmer la prétendue omnipotence de l'homme, a voulu quelquefois se purger lui-même. Le jour où il écrivait : « Toute certitude est dans les rêves », il refoulait son propre américanisme dans la région des choses inférieures ; d'autres fois, rentrant dans la vraie voie des poëtes, obéissant sans doute à l'inéluctable vérité qui nous hante comme un démon, il poussait les ardents soupirs de l'ange tombé qui se souvient des Cieux ; il envoyait ses regrets vers l'Âge d'or et l'Éden perdu ; il pleurait toute cette magnificence de la Nature se recroquevillant devant la chaude haleine des fourneaux ; enfin, il jetait ces admirables pages : Colloque entre Monos et Una, qui eussent charmé et troublé l'impeccable De Maistre.

C'est lui qui a dit, à propos du socialisme, à l'époque où celui-ci n'avait pas encore un nom, où ce nom du moins n'était pas tout à fait vulgarisé : « Le monde est infesté actuellement par une nouvelle secte de philosophes, qui ne se sont pas encore reconnus comme formant une secte, et qui conséquemment n'ont pas adopté de nom. Ce sont les Croyants à toute vieillerie (comme qui dirait : prédicateurs en vieux). Le Grand Prêtre dans l'Est est Charles Fourier, – dans l'Ouest, Horace Greely ; et grands prêtres ils sont à bon escient. Le seul lien commun parmi la secte est la Crédulité ; – appelons cela Démence, et n'en parlons plus. Demandez à l'un d'eux pourquoi il croit ceci ou cela ; et, s'il est consciencieux (les ignorants le sont généralement), il vous fera une réponse analogue à celle que fit Talleyrand, quand on lui demanda pourquoi il croyait à la Bible. « J'y crois, dit-il, d'abord parce que je suis évêque d'Autun, et en second lieu parce que je n'y entends absolument rien. » Ce que ces philosophes-là appellent argument est une manière à eux de nier ce qui est et d'expliquer ce qui n'est pas. »

Le progrès, cette grande hérésie de la décrépitude, ne pouvait pas non plus lui échapper. Le lecteur verra, en différents passages, de quels termes il se servait pour la caractériser. On dirait vraiment, à voir l'ardeur qu'il y dépense, qu'il avait à s'en venger comme d'un embarras public, comme d'un fléau de la rue. Combien eût-il ri, de ce rire méprisant du poëte qui ne grossit jamais la grappe des badauds, s'il était tombé, comme cela m'est arrivé récemment, sur cette phrase mirifique qui fait rêver aux bouffonnes et volontaires absurdités des paillasses, et que j'ai trouvée se pavanant perfidement dans un journal plus que grave : Le progrès incessant de la science a permis tout récemment de retrouver le secret perdu et si longtemps cherché de… (feu grégeois, trempe du cuivre, n'importe quoi disparu), dont les applications les plus réussies remontent à une époque barbare et très-ancienne ! – Voilà une phrase qui peut s'appeler une véritable trouvaille, une éclatante découverte, même dans un siècle de progrès incessants ; mais je crois que la momie Allamistakeo n'aurait pas manqué de demander, avec le ton doux et discret de la supériorité, si c'était aussi grâce au progrès incessant, – à la loi fatale, irrésistible, du progrès, – que ce fameux secret avait été perdu. – Aussi bien, pour laisser là le ton de la farce, en un sujet qui contient autant de larmes que de rire, n'est-ce pas une chose véritablement stupéfiante de voir une nation, plusieurs nations, toute l'humanité bientôt, dire à ses sages, à ses sorciers : je vous aimerai et je vous ferai grands, si vous me persuadez que nous progressons sans le vouloir, inévitablement, – en dormant ; débarrassez-nous de la responsabilité, voilez pour nous l'humiliation des comparaisons, sophistiquez l'histoire, et vous pourrez vous appeler les sages des sages ? – N'est-ce pas un sujet d'étonnement que cette idée si simple n'éclate pas dans tous les cerveaux : que le Progrès (en tant que progrès il y ait) perfectionne la douleur à la proportion qu'il raffine la volupté, et que, si l'épiderme des peuples va se délicatisant, ils ne poursuivent évidemment qu'une Italiam fugientem, une conquête à chaque minute perdue, un progrès toujours négateur de lui-même ?

Mais ces illusions, intéressées d'ailleurs, tirent leur origine d'un fond de perversité et de mensonge, – météores des marécages, – qui poussent au dédain les âmes amoureuses du feu éternel, comme Edgar Poe, et exaspèrent les intelligences obscures, comme Jean-Jacques, à qui une sensibilité blessée et prompte à la révolte tient lieu de philosophie. Que celui-ci eût raison contre l'Animal dépravé, cela est incontestable ; mais l'animal dépravé a le droit de lui reprocher d'invoquer la simple nature. La nature ne fait que des monstres, et toute la question est de s'entendre sur le mot sauvages. Nul philosophe n'osera proposer pour modèles ces malheureuses hordes pourries, victimes des éléments, pâture des bêtes, aussi incapables de fabriquer des armes que de concevoir l'idée d'un pouvoir spirituel et suprême. Mais si l'on veut comparer l'homme moderne, l'homme civilisé, avec l'homme sauvage, ou plutôt une nation dite civilisée avec une nation dite sauvage, c'est-à-dire privée de toutes les ingénieuses inventions qui dispensent l'individu d'héroïsme, qui ne voit que tout l'honneur est pour le sauvage ? Par sa nature, par nécessité même, il est encyclopédique, tandis que l'homme civilisé se trouve confiné dans les régions infiniment petites de la spécialité. L'homme civilisé invente la philosophie du progrès pour se consoler de son abdication et de sa déchéance ; cependant que l'homme sauvage, époux redouté et respecté, guerrier contraint à la bravoure personnelle, poëte aux heures mélancoliques où le soleil déclinant invite à chanter le passé et les ancêtres, rase de plus près la lisière de l'idéal. Quelle lacune oserons-nous lui reprocher ? Il a le prêtre, il a le sorcier et le médecin. Que dis-je ? Il a le dandy, suprême incarnation de l'idée du beau transportée dans la vie matérielle, celui qui dicte la forme et règle les manières. Ses vêtements, ses parures, ses armes, son calumet témoignent d'une faculté inventive qui nous a depuis longtemps désertés. Comparerons-nous nos yeux paresseux et nos oreilles assourdies à ces yeux qui percent la brume, à ces oreilles qui entendraient l'herbe qui pousse ? Et la sauvagesse, à l'âme simple et enfantine, animal obéissant et câlin, se donnant tout entier et sachant qu'il n'est que la moitié d'une destinée, la déclarerons-nous inférieure à la dame américaine dont M. Bellegarigue (rédacteur du Moniteur de l'Épicerie) a cru faire l'éloge en disant qu'elle était l'idéal de la femme entretenue ? Cette même femme dont les mœurs trop positives ont inspiré à Edgar Poe, – lui si galant, si respectueux de la beauté, – les tristes lignes suivantes : « Ces immenses bourses, semblables au concombre géant, qui sont à la mode parmi nos belles, n'ont pas, comme on le croit, une origine parisienne ; elles sont parfaitement indigènes. Pourquoi une pareille mode à Paris, où une femme ne serre dans sa bourse que son argent ? Mais la bourse d'une

Américaine ! Il faut que cette bourse soit assez vaste pour qu'elle y puisse enfermer tout son argent, – plus toute son âme ! » – Quant à la religion, je ne parlerai pas de Vitzilipoutzli aussi légèrement que l'a fait Alfred de Musset ; j'avoue sans honte que je préfère de beaucoup le culte de Teutatès à celui de Mammon ; et le prêtre qui offre au cruel extorqueur d'hosties humaines des victimes qui meurent honorablement, des victimes qui veulent mourir, me paraît un être tout à fait doux et humain, comparé au financier qui n'immole les populations qu'à son intérêt propre. De loin en loin, ces choses sont encore entrevues, et j'ai trouvé une fois dans un article de M. Barbey d'Aurevilly une exclamation de tristesse philosophique qui résume tout ce que je voulais dire à ce sujet : « Peuples civilisés qui jetez sans cesse la pierre aux sauvages, bientôt vous ne mériterez même plus d'être idolâtres ! »

Un pareil milieu, – je l'ai déjà dit, je ne puis résister au désir de le répéter, – n'est guère fait pour les poëtes. Ce qu'un esprit français, supposez le plus démocratique, entend par un État, ne trouverait pas de place dans un esprit américain. Pour toute intelligence du vieux monde, un État politique a un centre de mouvement qui est son cerveau et son soleil, des souvenirs anciens et glorieux, de longues annales poétiques et militaires, une aristocratie, à qui la pauvreté, fille des révolutions, ne peut qu'ajouter un lustre paradoxal ; mais Cela ! cette cohue de vendeurs et d'acheteurs, ce sans-nom, ce monstre sans tête, ce déporté derrière l'Océan, un État ! – je le veux bien, si un vaste cabaret, où le consommateur afflue et traite d'affaires sur des tables souillées, au tintamarre des vilains propos, peut être assimilé à un salon, à ce que nous appelions jadis un salon, république de l'esprit présidée par la beauté !

Il sera toujours difficile d'exercer, noblement et fructueusement à la fois, l'état d'homme de lettres sans s'exposer à la diffamation, à la calomnie des impuissants, à l'envie des riches, – cette envie qui est leur châtiment ! – aux vengeances de la médiocrité bourgeoise. Mais ce qui est difficile dans une monarchie tempérée ou dans une république régulière, devient presque impraticable dans une espèce de capharnaüm, où chacun, sergent de ville de l'opinion, fait la police au profit de ses vices – ou de ses vertus, c'est tout un, – où un poëte, un romancier d'un pays à esclaves est un écrivain détestable aux yeux d'un critique abolitionniste, – où l'on ne sait quel est le plus grand scandale, – le débraillé du cynisme ou l'imperturbabilité de l'hypocrisie biblique. Brûler des nègres enchaînés, coupables d'avoir senti leur joue noire fourmiller du rouge de l'honneur, jouer du revolver dans un parterre de théâtre, établir la polygamie dans les paradis de l'Ouest, que les Sauvages (ce terme a l'air d'une injustice) n'avaient pas encore souillés de ces honteuses utopies, afficher sur les murs, sans doute pour consacrer le principe de la liberté illimitée, la guérison des maladies de neuf mois, tels sont quelques-uns des traits saillants, quelques-unes des illustrations morales du noble pays de Franklin, l'inventeur de la morale de comptoir, le héros d'un siècle voué à la matière. Il est bon d'appeler sans cesse le regard sur ces merveilles de brutalité, en un temps où l'américanomanie est devenue presque une passion de bon ton, à ce point qu'un archevêque a pu nous promettre sans rire que la Providence nous appellerait bientôt à jouir de cet idéal transatlantique !

Chapitre 3

Un semblable milieu social engendre nécessairement des erreurs littéraires correspondantes. C'est contre ces erreurs que Poe a réagi aussi souvent qu'il a pu et de toute sa force. Nous ne devons donc pas nous étonner que les écrivains américains, tout en reconnaissant sa puissance singulière comme poëte et comme conteur, aient toujours voulu infirmer sa valeur comme critique. Dans un pays où l'idée d'utilité, la plus hostile du monde à l'idée de beauté, prime et domine toutes choses, le parfait critique sera le plus honorable, c'est-à-dire celui dont les tendances et les désirs se rapprocheront le plus des tendances et des désirs de son public, – celui qui, confondant les facultés et les genres de production, assignera à toutes un but unique, – celui qui cherchera dans un livre de poésie les moyens de perfectionner la conscience. Naturellement, il deviendra d'autant moins soucieux des beautés réelles, positives, de la poésie ; il sera d'autant moins choqué des imperfections et même des fautes dans l'exécution. Edgar Poe, au contraire, divisant le monde de l'esprit en Intellect pur, Goût et Sens moral, appliquait la critique suivant que l'objet de son analyse appartenait à l'une de ces trois divisions. Il était avant tout sensible à la perfection du plan et à la correction de l'exécution ; démontant les œuvres littéraires comme des pièces mécaniques défectueuses (pour le but qu'elles voulaient atteindre), notant soigneusement les vices de fabrication ; et quand il passait au détail de l'œuvre, à son expression plastique, au style en un mot, épluchant, sans omission, les fautes de prosodie, les erreurs grammaticales et toute cette masse de scories, qui, chez les écrivains non artistes, souillent les meilleures intentions et déforment les conceptions les plus nobles.

Pour lui, l'Imagination est la reine des facultés ; mais par ce mot il entend quelque chose de plus grand que ce qui est entendu par le commun des lecteurs. L'Imagination n'est pas la fantaisie ; elle n'est pas non plus la sensibilité, bien qu'il soit difficile de concevoir un homme imaginatif qui ne serait pas sensible. L'Imagination est une faculté quasi divine qui perçoit tout d'abord, en dehors des méthodes philosophiques, les rapports intimes et secrets des choses, les correspondances et les analogies. Les honneurs et les fonctions qu'il confère à cette faculté lui donnent une valeur telle (du moins quand on a bien compris la pensée de l'auteur), qu'un savant sans imagination n'apparaît plus que comme un faux savant, ou tout au moins comme un savant incomplet.

Parmi les domaines littéraires où l'imagination peut obtenir les plus curieux résultats, peut récolter les trésors, non pas les plus riches, les plus précieux (ceux-là appartiennent à la poésie), mais les plus nombreux et les plus variés, il en est un que Poe affectionne particulièrement, c'est la Nouvelle. Elle a sur le roman à vastes proportions cet immense avantage que sa brièveté ajoute à l'intensité de l'effet. Cette lecture, qui peut être accomplie tout d'une haleine, laisse dans l'esprit un souvenir bien plus puissant qu'une lecture brisée, interrompue souvent par le tracas des affaires et le soin des intérêts mondains. L'unité d'impression, la totalité d'effet est un avantage immense qui peut donner à ce genre de composition une supériorité tout à fait particulière, à ce point qu'une nouvelle trop courte (c'est sans doute un défaut) vaut encore mieux qu'une nouvelle trop longue. L'artiste, s'il est habile, n'accommodera pas ses pensées aux incidents, mais, ayant conçu délibérément, à loisir, un effet à produire, inventera les incidents, combinera les événements les plus propres à amener l'effet voulu. Si la première phrase n'est pas écrite en vue de préparer cette impression finale, l'œuvre est manquée dès le début. Dans la composition tout entière il ne doit pas se glisser un seul mot qui ne soit une intention, qui ne tende, directement ou indirectement, à parfaire le dessein prémédité.

Il est un point par lequel la nouvelle a une supériorité, même sur le poëme. Le rythme est nécessaire au développement de l'idée de beauté, qui est le but le plus grand et le plus noble du poëme. Or, les artifices du rythme sont un obstacle insurmontable à ce développement minutieux de pensées et d'expressions qui a pour objet la vérité. Car la vérité peut être souvent le but de la nouvelle, et le raisonnement, le meilleur outil pour la construction d'une nouvelle parfaite. C'est pourquoi ce genre de composition qui n'est pas situé à une aussi grande élévation que la poésie pure, peut fournir des produits plus variés et plus facilement appréciables pour le commun des lecteurs. De plus, l'auteur d'une nouvelle a à sa disposition une multitude de tons, de nuances de langage, le ton raisonneur, le sarcastique, l'humoristique, que répudie la poésie, et qui sont comme des dissonances, des outrages à l'idée de beauté pure. Et c'est aussi ce qui fait que l'auteur qui poursuit dans une nouvelle un simple but de beauté ne travaille qu'à son grand désavantage, privé qu'il est de l'instrument le plus utile, le rythme. Je sais que dans toutes les littératures des efforts ont été faits, souvent heureux, pour créer des contes purement poétiques ; Edgar Poe lui-même en a fait de très-beaux. Mais ce sont des luttes et des efforts qui ne servent qu'à démontrer la force des vrais moyens adaptés aux buts correspondants, et je ne serais pas éloigné de croire que chez quelques auteurs, les plus grands qu'on puisse choisir, ces tentations héroïques vinssent d'un désespoir.

Chapitre 4

« Genus irritabile vatum ! Que les poëtes (nous servant du mot dans son acception la plus large et comme comprenant tous les artistes) soient une race irritable, cela est bien entendu ; mais le pourquoi ne me semble pas aussi généralement compris. Un artiste n'est un artiste que grâce à son sens exquis du Beau, – sens qui lui procure des jouissances enivrantes, mais qui en même temps implique, enferme un sens également exquis de toute difformité et de toute disproportion. Ainsi un tort, une injustice faite à un poëte qui est vraiment un poëte, l'exaspère à un degré qui apparaît, à un jugement ordinaire, en complète disproportion avec l'injustice commise. Les poëtes voient l'injustice, jamais là où elle n'existe pas, mais fort souvent là où des yeux non poétiques n'en voient pas du tout. Ainsi la fameuse irritabilité poétique n'a pas de rapport avec le tempérament, compris dans le sens vulgaire, mais avec une clairvoyance plus qu'ordinaire relative au faux et à l'injuste. Cette clairvoyance n'est pas autre chose qu'un corollaire de la vive perception du vrai, de la justice, de la proportion, en un mot du Beau. Mais il y a une chose bien claire, c'est que l'homme qui n'est pas (au jugement du commun) irritabilis, n'est pas poëte du tout. »

Ainsi parle le poëte lui-même, préparant une excellente et irréfutable apologie pour tous ceux de sa race. Cette sensibilité, Poe la portait dans les affaires littéraires, et l'extrême importance qu'il attachait aux choses de la poésie l'induisait souvent en un ton où, au jugement des faibles, la supériorité se faisait trop sentir. J'ai déjà remarqué, je crois, que plusieurs des préjugés qu'il avait à combattre, des idées fausses, des jugements vulgaires qui circulaient autour de lui, ont depuis longtemps infecté la presse française. Il ne sera donc pas inutile de rendre compte sommairement de quelques-unes de ses plus importantes opinions relatives à la composition poétique. Le parallélisme de l'erreur en rendra l'application tout à fait facile.

Mais, avant toutes choses, je dois dire que la part étant faite au poëte naturel, à l'innéité, Poe en faisait une à la science, au travail et à l'analyse, qui paraîtra exorbitante aux orgueilleux non érudits. Non-seulement il a dépensé des efforts considérables pour soumettre à sa volonté le démon fugitif des minutes heureuses, pour rappeler à son gré ces sensations exquises, ces appétitions spirituelles, ces états de santé poétique, si rares et si précieux qu'on pourrait vraiment les considérer comme des grâces extérieures à l'homme et comme des visitations ; mais aussi il a soumis l'inspiration à la méthode, à l'analyse la plus sévère. Le choix des moyens ! il y revient sans cesse, il insiste avec une éloquence savante sur l'appropriation du moyen à l'effet, sur l'usage de la rime, sur le perfectionnement du refrain, sur l'adaptation du rythme au sentiment. Il affirmait que celui qui ne sait pas saisir l'intangible n'est pas poëte ; que celui-là seul est poëte, qui est le maître de sa mémoire, le souverain des mots, le registre de ses propres sentiments toujours prêt à se laisser feuilleter. Tout pour le dénouement ! répète-t-il souvent. Un sonnet lui-même a besoin d'un plan, et la construction, l'armature pour ainsi dire, est la plus importante garantie de la vie mystérieuse des œuvres de l'esprit.

Je recours naturellement à l'article intitulé : The Poetic Principle, et j'y trouve, dès le commencement, une vigoureuse protestation contre ce qu'on pourrait appeler, en matière de poésie, l'hérésie de la longueur ou de la dimension, – la valeur absurde attribuée aux gros poëmes. « Un long poëme n'existe pas ; ce qu'on entend par un long poëme est une parfaite contradiction de termes. » En effet, un poëme ne mérite son titre qu'autant qu'il excite, qu'il enlève l'âme, et la valeur positive d'un poëme est en raison de cette excitation, de cet enlèvement de l'âme. Mais, par nécessité psychologique, toutes les excitations sont fugitives et transitoires. Cet état singulier, dans lequel l'âme du lecteur a été, pour ainsi dire, tirée de force, ne durera certainement pas autant que la lecture de tel poëme qui dépasse la ténacité d'enthousiasme dont la nature humaine est capable.

Voilà évidemment le poëme épique condamné. Car un ouvrage de cette dimension ne peut être considéré comme poétique qu'en tant qu'on sacrifie la condition vitale de toute œuvre d'art, l'Unité ; – je ne veux pas parler de l'unité dans la conception, mais de l'unité dans l'impression, de la totalité de l'effet, comme je l'ai déjà dit quand j'ai eu à comparer le roman avec la nouvelle. Le poëme épique nous apparaît donc, esthétiquement parlant, comme un paradoxe. Il est possible que les anciens âges aient produit des séries de poëmes lyriques, reliées postérieurement par les compilateurs en poëmes épiques ; mais toute intention épique résulte évidemment d'un sens imparfait de l'art. Le temps de ces anomalies artistiques est passé, et il est même fort douteux qu'un long poëme ait jamais pu être vraiment populaire dans toute la force du terme.

Il faut ajouter qu'un poëme trop court, celui qui ne fournit pas un pabulum suffisant à l'excitation créée, celui qui n'est pas égal à l'appétit naturel du lecteur, est aussi très-défectueux. Quelque brillant et intense que soit l'effet, il n'est pas durable ; la mémoire ne le retient pas ; c'est comme un cachet qui, posé trop légèrement et trop à la hâte, n'a pas eu le temps d'imposer son image à la cire.

Mais il est une autre hérésie, qui, grâce à l'hypocrisie, à la lourdeur et à la bassesse des esprits, est bien plus redoutable et a des chances de durée plus grandes, – une erreur qui a la vie plus dure, – je veux parler de l'hérésie de l'enseignement, laquelle comprend comme corollaires inévitables l'hérésie de la passion, de la vérité et de la morale. Une foule de gens se figurent que le but de la poésie est un enseignement quelconque, qu'elle doit tantôt fortifier la conscience, tantôt perfectionner les mœurs, tantôt enfin démontrer quoi que ce soit d'utile. Edgar Poe prétend que les Américains ont spécialement patronné cette idée hétérodoxe ; hélas ! il n'est pas besoin d'aller jusqu'à Boston pour rencontrer l'hérésie en question. Ici même elle nous assiège, et tous les jours elle bat en brèche la véritable poésie. La poésie, pour peu qu'on veuille descendre en soi-même, interroger son âme, rappeler ses souvenirs d'enthousiasme, n'a pas d'autre but qu'elle-même ; elle ne peut pas en avoir d'autre, et aucun poëme ne sera si grand, si noble, si véritablement digne du nom de poëme, que celui qui aura été écrit uniquement pour le plaisir d'écrire un poëme.

Je ne veux pas dire que la poésie n'ennoblisse pas les mœurs, – qu'on me comprenne bien, – que son résultat final ne soit pas d'élever l'homme au-dessus du niveau des intérêts vulgaires ; ce serait évidemment une absurdité. Je dis que si le poëte a poursuivi un but moral, il a diminué sa force poétique ; et il n'est pas imprudent de parier que son œuvre sera mauvaise. La poésie ne peut pas, sous peine de mort ou de défaillance, s'assimiler à la science ou à la morale ; elle n'a pas la Vérité pour objet, elle n'a qu'Elle-même. Les modes de démonstration de vérité sont autres et sont ailleurs. La Vérité n'a rien à faire avec les chansons. Tout ce qui fait le charme, la grâce, l'irrésistible d'une chanson enlèverait à la Vérité son autorité et son pouvoir. Froide, calme, impassible, l'humeur démonstrative repousse les diamants et les fleurs de la Muse ; elle est donc absolument l'inverse de l'humeur poétique.

L'intellect pur vise à la Vérité, le Goût nous montre la Beauté, et le Sens moral nous enseigne le Devoir. Il est vrai que le sens du milieu a d'intimes connexions avec les deux extrêmes, et il n'est séparé du Sens moral que par une si légère différence qu'Aristote n'a pas hésité à ranger parmi les vertus quelques-unes de ses délicates opérations. Aussi, ce qui exaspère surtout l'homme de goût dans le spectacle du vice, c'est sa difformité, sa disproportion. Le vice porte atteinte au juste et au vrai, révolte l'intellect et la conscience ; mais, comme outrage à l'harmonie, comme dissonance, il blessera plus particulièrement certains esprits poétiques ; et je ne crois pas qu'il soit scandalisant de considérer toute infraction à la morale, au beau moral, comme une espèce de faute contre le rythme et la prosodie universels.

C'est cet admirable, cet immortel instinct du Beau qui nous fait considérer la terre et ses spectacles comme un aperçu, comme une correspondance du Ciel. La soif insatiable de tout ce qui est au delà, et que révèle la vie, est la preuve la plus vivante de notre immortalité. C'est à la fois par la poésie et à travers la poésie, par et à travers la musique que l'âme entrevoit les splendeurs situées derrière le tombeau ; et quand un poëme exquis amène les larmes au bord des yeux, ces larmes ne sont pas la preuve d'un excès de jouissance, elles sont bien plutôt le témoignage d'une mélancolie irritée, d'une postulation des nerfs, d'une nature exilée dans l'imparfait et qui voudrait s'emparer immédiatement, sur cette terre même, d'un paradis révélé.

Ainsi le principe de la poésie est, strictement et simplement, l'aspiration humaine vers une beauté supérieure, et la manifestation de ce principe est dans un enthousiasme, une excitation de l'âme, – enthousiasme tout à fait indépendant de la passion qui est l'ivresse du cœur, et de la vérité qui est la pâture de la raison. Car la passion est naturelle, trop naturelle pour ne pas introduire un ton blessant, discordant, dans le domaine de la beauté pure, trop familière et trop violente pour ne pas scandaliser les purs Désirs, les gracieuses Mélancolies et les nobles Désespoirs qui habitent les régions surnaturelles de la poésie.

Cette extraordinaire élévation, cette exquise délicatesse, cet accent d'immortalité qu'Edgar Poe exige de la Muse, loin de le rendre moins attentif aux pratiques d'exécution, l'ont poussé à aiguiser sans cesse son génie de praticien. Bien des gens, de ceux surtout qui ont lu le singulier poëme intitulé Le Corbeau, seraient scandalisés si j'analysais l'article où notre poëte a ingénument en apparence, mais avec une légère impertinence que je ne puis blâmer, minutieusement expliqué le mode de construction qu'il a employé, l'adaptation du rythme, le choix d'un refrain, – le plus bref possible et le plus susceptible d'applications variées, et en même temps le plus représentatif de mélancolie et de désespoir, orné d'une rime la plus sonore de toutes (nevermore, jamais plus), – le choix d'un oiseau capable d'imiter la voix humaine, mais d'un oiseau, – le corbeau, – marqué dans l'imagination populaire d'un caractère funeste et fatal, – le choix du ton le plus poétique de tous, le ton mélancolique, – du sentiment le plus poétique, l'amour pour une morte, etc. – « Et je ne placerai pas, dit-il, le héros de mon poëme dans un milieu pauvre, parce que la pauvreté est triviale et contraire à l'idée de Beauté. Sa mélancolie aura pour gîte une chambre magnifiquement et poétiquement meublée. » Le lecteur surprendra dans plusieurs des nouvelles de Poe des symptômes curieux de ce goût immodéré pour les belles formes, surtout pour les belles formes singulières, pour les milieux ornés et les somptuosités orientales.

J'ai dit que cet article me paraissait entaché d'une légère impertinence. Les partisans de l'inspiration quand même ne manqueraient pas d'y trouver un blasphème et une profanation ; mais je crois que c'est pour eux que l'article a été spécialement écrit. Autant certains écrivains affectent l'abandon, visant au chef-d'œuvre les yeux fermés, pleins de confiance dans le désordre, et attendant que les caractères jetés au plafond retombent en poëme sur le parquet, autant Edgar Poe, – l'un des hommes les plus inspirés que je connaisse, – a mis d'affectation à cacher la spontanéité, à simuler le sang-froid et la délibération. « Je crois pouvoir me vanter – dit-il avec un orgueil amusant et que je ne trouve pas de mauvais goût, – qu'aucun point de ma composition n'a été abandonné au hasard, et que l'œuvre entière a marché pas à pas vers son but avec la précision et la logique rigoureuse d'un problème mathématique. » Il n'y a, dis-je, que les amateurs de hasard, les fatalistes de l'inspiration et les fanatiques du vers blanc qui puissent trouver bizarres ces minuties. Il n'y a pas de minuties en matière d'art.

À propos de vers blancs, j'ajouterai que Poe attachait une importance extrême à la rime, et que dans l'analyse qu'il a faite du plaisir mathématique et musical que l'esprit tire de la rime, il a apporté autant de soin, autant de subtilité que dans tous les sujets se rapportant au métier poétique. De même qu'il avait démontré que le refrain est susceptible d'applications infiniment variées, il a aussi cherché à rajeunir, à redoubler le plaisir de la rime en y ajoutant cet élément inattendu, l'étrangeté, qui est comme le condiment indispensable de toute beauté. Il fait souvent un usage heureux des répétitions du même vers ou de plusieurs vers, retours obstinés de phrases qui simulent les obsessions de la mélancolie ou de l'idée fixe, – du refrain pur et simple, mais amené en situation de plusieurs manières différentes, – du refrain-variante qui joue l'indolence et la distraction, – des rimes redoublées et triplées, et aussi d'un genre de rime qui introduit dans la poésie moderne, mais avec plus de précision et d'intention, les surprises du vers léonin.

Il est évident que la valeur de tous ces moyens ne peut être vérifiée que par l'application ; et une traduction de poésies aussi voulues, aussi concentrées, peut être un rêve caressant, mais ne peut être qu'un rêve. Poe a fait peu de poésies ; il a quelquefois exprimé le regret de ne pouvoir se livrer, non pas plus souvent mais exclusivement, à ce genre de travail qu'il considérait comme le plus noble. Mais sa poésie est toujours d'un puissant effet. Ce n'est pas l'effusion ardente de Byron, ce n'est pas la mélancolie molle, harmonieuse, distinguée de Tennyson, pour lequel il avait d'ailleurs, soit dit en passant, une admiration quasi fraternelle. C'est quelque chose de profond et de miroitant comme le rêve, de mystérieux et de parfait comme le cristal. Je n'ai pas besoin, je présume, d'ajouter que les critiques américains ont souvent dénigré cette poésie ; tout récemment je trouvais dans un dictionnaire de biographies américaines un article où elle était décrétée d'étrangeté, où on avouait qu'il était à craindre que cette muse à la toilette savante ne fît école dans le glorieux pays de la morale utile, et où enfin on regrettait que Poe n'eût pas appliqué ses talents à l'expression des vérités morales au lieu de les dépenser à la recherche d'un idéal bizarre et de prodiguer dans ses vers une volupté mystérieuse, il est vrai, mais sensuelle.

Nous connaissons cette loyale escrime. Les reproches que les mauvais critiques font aux bons poëtes sont les mêmes dans tous les pays. En lisant cet article, il me semblait lire la traduction d'un de ces nombreux réquisitoires dressés par les critiques parisiens contre ceux de nos poëtes qui sont le plus amoureux de perfection. Nos préférés sont faciles à deviner, et toute âme éprise de poésie pure me comprendra quand je dirai que, parmi notre race antipoétique, Victor Hugo serait moins admiré s'il était parfait, et qu'il n'a pu se faire pardonner tout son génie lyrique qu'en introduisant de force et brutalement dans sa poésie ce qu'Edgar Poe considérait comme l'hérésie moderne capitale, – l'enseignement.